이 책은

단단 기초 영어공부 혼자하기에서 '문법'
부분만 담았습니다.

문법을 더 많은 문장에 적용하며 익히는 것
은 **유튜브 무료 강의**나 **단단 기초 영어공부
혼자하기** 책을 참고해 주세요.

유튜브 무료 강의 주소
rb.gy/qavy2e

차례

백날 외워도 영어로 말할 수 없는 이유

초등학교부터 대학교까지 10년 넘게 공부해도 외국인을 만나면 말문이 막힙니다.

토익 900점을 맞아도, 영문법을 거의 완벽히 알아서 문법 문제를 다 맞히는데도, 영어단어 2만 2천개를 알아도, 영어회화는 안 되는 사람도 있습니다.

심지어 대학교 영어과 교수를 하면서도 영어회화는 못하는 분도 있습니다.

해석할 때와 말할 때는 완전히 다른 사고 과정을 거칩니다.

마치 축구를 보는 것과 하는 것이 다르듯, 소설을 읽는 것과 쓰는 것이 다르듯, 아무리 많이 공부했어도 말과 글로 영작해보지 않았다면 절대 영어로 말할 수 없습니다.

상당수의 외국인들은 한국인들보다 더 적은 시간 동안 영어를 공부합니다. 그럼에도 영어회화를 잘하는 이유는 한국인들보다 영어로 말해본 시간이 더 많기 때문입니다.

그리고 모국어가 확립된 초등학생 이상은 바로 영어식으로 사고할 수 없습니다. 먼저 문법을 '이해'하고, '쓸' 수 있어야 '말하기'도 됩니다. 쓰기를 빠르게 하면 말하기와 같습니다.

소개 영상

영어책을 끝까지 못 보는 이유

새해 목표를 '영어공부'로 정하고 책을 사지만 매번 앞 20장 가량을 보고는 다시 그대로 책장에 꽂습니다.

몇 년 뒤 용기내 새로운 책으로 재도전하지만 결과는 같습니다. 반복될수록 책만 쌓이고, 자괴감만 커지고, 자신의 의지박약만 탓할 뿐 영어 실력은 전혀 늘지 않습니다.

진짜 문제는 책이 잘못 만들어졌기 때문입니다. 이해하기 어려운 용어와 설명으로, 여러번 읽어도 영작을 하거나 문제를 풀 수 없습니다.

최소한 책의 중간을 펼쳐도 이해할 수 있는 책, 독자 입장에서 설명된 책을 골라야 합니다.

이해할 수 있는 수준과 말할 수 있는 수준은 다릅니다. 영어회화를 공부한다면 본인의 해석 실력보다 훨씬 쉬운 책을 골라야 합니다.

또는 문장이 재미 없는 소재로 되어 있어서 끝까지 못 보기도 합니다. 감정 이입을 할 수 없는 문장은 익히는데 오래 걸립니다.

스타워즈를 보면 I'm your father(악당이었던 다스베이더가 주인공의 아버지였던)를 잊지 못하듯, 맥락이 제공되는 문장, 실제 많이 쓰는 어휘와 문장으로 익혀야 빠르게 익힐 수 있습니다.

한국어와 영어의 차이: 강의 rb.gy/tjcjsx

외국인이 '밥 먹었니?'라고 물었을 때, '나는-집에서-밥을-먹는다'를 말하고 싶어서 'I(나는)-home(집에서)-rice(밥을)-eat(먹는다)'라고 합니다.

하지만 외국인은 나(I)를 먹는지 home(집)을 먹는지 rice(밥)을 먹는지 알 수 없습니다.

한국어에는 '조사(~는, ~를 등)'가 있지만 영어에는 조사가 없습니다(물론 전치사p.42가 있기는 합니다). 대신 조사가 자동으로 붙습니다.

첫 단어에는 '~가', 두 번째 단어에는 '~한다' 세 번째 단어에는 '~을'이 붙습니다. 위의 문장을 '누가-한다-무엇을' 순서로 나열하면 I(누가)-eat(한다)-rice(무엇을)가 됩니다. 이게 영어 문장구조의 70% 이상을 차지하며, 이 책에서는 '붉은색'으로 표시했습니다.

영어에서 두 번째로 많이 쓰는 문장구조는 be동사를 쓰는 구조로 I(누가)-am(상태/모습이다)-happy(어떤)입니다. 영어 문장의 20%가량을 차지하며, 책에서는 '푸른색'으로 표시했습니다.

이처럼 영어는 한국어와 달리 '구조'로 의미를 전달하기에 같은 '구조(문법)'에 따라 연습해야 그 문장을 응용해서 말할 수 있습니다.

문장을 발췌한 책 '쉬운 문장'을 발췌해 만들었습니다.

8문장으로 끝내는 유럽여행 영어회화

유럽여행 에세이를 읽으면
자동으로 익혀지는 여행 영어!
한글 발음표기, 20여 가지 부록으로,
영어를 읽지 못해도 **배낭여행 가능!** 무료강의 제공!

이 책은 좀 달랐습니다.
화장실 가는 시간 빼고 거의 한큐에 다 읽었어요!
비행기 안에서 2시간 만에 익힌 8가지 패턴이
많은 도움이 됐습니다. - hnd20**

8시간에 끝내는 기초영어 미드천사

60대 할머니와 함께하는
수십만 원 상당의 영어회화 무료강의!
원어민의 일상회화 90% 해결하는
1004 어휘 중심의 미드 명문장!

초3 아들과 몇 개월 같이 했는데 영어 학원에 다녀본 적도
없는데 승급을 두 번이나 했습니다~~ 강추라 둘째도 적용
예정입니다 감사합니다^^ - 77bvm**

6시간에 끝내는 생활영어 회화천사

1문장을 알면 생활영어 17문장이 따라온다!
해석이 아닌, **말할 때의 사고방식을 적용**한
신개념 영어회화 문법패턴! 무료강의 제공!

마이클리시의 책을 만나고 나는 과감히 2년간 수강했던
유명한 영어인강을 끊을 수 있었다. - tr***

그동안 수많은 영어책을 구매해서 실패했습니다. 2회독
이후로...저한테는 영어를 흥미 있게 만든 교재입니다. - 운**

영어명언 만년 다이어리

수백 권의 책과 4천 개의 명언에서 엄선한
365개의 영어명언!
매주 다른 주제의 문법패턴으로
따라만 써도 영어 실력 향상!
작심삼일이 사라진다!

*영어공부를 하기 위해 별도의 시간을 내기는 힘들지만
영어 공부를 놓치고 싶지 않은 사람들에게
아주 매력적인 책 - lhj***

4시간에 끝내는 영화영작

쓰기가 되면 말하기도 된다!
평점 9.0 영화 명대사로 익히는 영작문!
영화의 맥락 안에서 문장이 쉽게 기억된다.

*무척 이해하기 쉽게 설명되어 있으니...
스스로 영작하고 있는 사실에 놀랐어요.
영어가 이렇게 재미있는 언어인 줄
이제야 깨달았네요. - mi**im*

단어에 a가 붙는 이유는?

bug X
벅(그)

한 마리일 때:
a bug O
어 벅(그)

여러 마리일 때:
bugs O
벅스

영어는 그림을 그리는 언어이다.
한 개인지 여러 개인지 알아야 그릴 수 있기에
모든 물건은 한 개일 때는 앞에 'a'를 붙이고,
여러 개일 때는 뒤에 's'를 붙인다.

gift는 '선물'을 의미한다.
그런데 영어에서 gift만 쓸 수는 없다.
선물이 한 개면 a gift,
선물이 두 개 이상이면 gifts를 써야만 한다.

a는 한 개(a gift)를 의미하고 단어 뒤의 -s는 여러 개(gifts)를 의미한다.
한국어로 그대로 옮긴다면, a를 '한'으로 '-s'를 '~들'로 바꿀 수 있다.

    a gift 한 선물 / gifts 선물들

그 외에 횟수(a shower, a smile)나
보이지 않아도 개념상의 덩어리(an idea)가 있으면 셀 수 있다.

idea는 발음이 '아이디어'이므로 모음(아)으로 시작한다.
이 경우 앞에 a(어)를 붙이면 '어 아이디어'로 잘 안들리기에
a대신 an(언)을 쓴다.

    a idea X / an idea O

밥을 셀 수 없는 이유는?

a water X
어   워털

water O
워털

the water O
더   워털

water 물, 보통 [워털]로 읽지만,
미국에서는 보통 [워럴]로 흘려 발음한다.

윤곽을 뚜렷하게 그리지 못하는 것은 대부분 셀 수 없다.
한 개인지 여러 개인지 판단할 수 없기 때문이다.

물(water)의 경우 흐름을 그릴 뿐 정확한 윤곽을 그릴 수 없다.
만약 뚜렷한 윤곽을 그렸다면 물이 담긴 '병'이나 '컵'을 그렸을 것
이다.
그래서 물은 셀 수 없으므로 a water, waters는 쓸 수 없다.
the water는 가능하다.

+ the는 서로 알고 있는 것을 일컬을 때 쓴다(p.14)

쌀(rice)도 보통 한 톨, 한 톨을 살려서 그리지 않는다. 대략 그릴
뿐이다.
쌀도 셀 수 없으므로 a rice, rices를 쓸 수 없다. the rice는 가능하
다.

대명사와 고유명사(사람의 이름 등)는
구태여 a, the를 쓸 필요가 없다.
쓰지 않아도 한 개인지 여러 개인지 알 수 있어서
그림을 그릴 수 있기 때문이다.

+ 대명사란 '원래 명칭을 대신해서 쓰는 명사'이다.
'나'를 대신해서 I, '너'는 you,
'우리'는 we, '그들'은 they,
'그'는 'he', '그녀'는 she, '그것'은 it을 쓰는데,
일단은 I(나)와 you(너)만 알고 있어도 된다.

11

I you see는 내가 보는 걸까, 네가 보는 걸까?

누가 - 한다 - 무엇을
I   see   you.
아이   씨이   유
내가   본다   너를

I see you 나비족의 인사말 <아바타> 영화1 1단원 주제문

'나는-너를-본다'를 한글 문장 순서 그대로 영작하면
'I(나)-you(너)-see(본다)'이다.
하지만 I you see에서
내(I)가 너를 보는(see)지, 너(you)가 나를 보는(see)지 알 수 없다.
그래서 영어에는 '~는', '~를'이 없는 대신,
단어의 순서로 '~는, ~를'을 표시한다.

보이지는 않지만 의미상
항상 첫 단어에는 '~는/~가'가 붙고,
두 번째 단어는 '~한다',
세 번째 단어는 '~를/~을'이 붙는다.

'누가-한다-무엇을' 순서에 맞춰 영작하면
'내가(I)-본다(see)-너를(you)'이다.

'너는 나를 본다'를 영작하면
'네가(You)-본다(see)-나를(I)이 되는데,
'나'는 '누가' 자리에선 'I'로 쓰지만, '무엇을' 자리에선 'me'로 쓴다.
그래서 'You-see-me'가 맞는 문장이다.

+ 우리는(we)-우리를(us), 그들은(they)-그들을(them),
  그는(he)-그를(him), 그녀는(she)-그녀를(her), 그것은(it)-그것을
  (it)

a Moon/the Moon 옳은 것은?

서로 알고 있는
그것에 the를 쓴다.

I know the voice.

아이	노우	더	보이쓰
나는	안다	그	목소리를
누가	**한다**		**무엇을**

the voice에서 the와 voice를 따로 생각하면 안되고,
the voice를 하나의 단어(여기서는 '무엇을')로 봐야 한다.

the는 한국어의 '그'와 비슷하다.
단, 영어에서 모든 물건 앞에는 한정사(a/the/my 등)를 꼭 써야 하므로,
한국어에서보다 그(the)를 훨씬 자주 보게 된다.

the는 말하는 사람과 듣는 사람 모두
가리키는 대상(명사)이 무엇인지 알 수 있을 때 쓴다.
그래서 어떤 사물을 처음 일컬을 때는 a/-s/my 등을 쓰지만,
이후에는 서로 알게 됐으므로 주로 the를 붙여서 말한다.

우주의 다른 행성에는 달(또는 태양)이 여러 개 있을 수 있지만,
지구에 영향을 끼치는 달은 The Moon 한 개 뿐이기에 the를 붙인다.
마찬가지로 지구는 The Earth, 태양은 The Sun을 쓴다.

대학교 이름(The University of Utah 등)이나
영화/미드 이름(The big bang theory) 등,
이름이 지어질 때부터 다른 것과 구별되어
이름 자체에 the를 포함하기를 원하는 것들도 the를 쓴다.

+ love를 '한다' 자리에 쓰면 동사(사랑한다)지만,
  그 외의 자리에서 쓰면 주로 명사(사랑)를 의미한다.

누구의 것인지 밝히려면?

'나의'는 my,
'너의'는 your,
'우리의'는 our.

I love your story.

아이	러브	유얼	스토뤼
나는	사랑한다	너의	이야기를
누가	**한다**		**무엇을**

I love your story. 비슷한 일로 혼났던 걸 따지기 위해.
<모던패밀리 2-15 헤일리> 미드1 1단원 4 (37)

16

your story에서 your과 story를 따로 볼 게 아니라,
your story를 하나의 명사로 봐야 한다.
영어에서는 story만 단독으로 쓸 수 없고
앞에 a나 the, your 등(한정사)을 써야 하기 때문이다.

your를 쓰는 이유는,
사물을 더 명확하게 그릴 수 있도록
누구의 것인지 표시하는 것이다.

누구의 것인지 표시하기 위해
a, the, this, two 등을 대신해서 이런 걸 쓴다.

　　　나의 my, 너의 your,
　　　우리의 our, 그들의 their,
　　　그녀의 her, 그의 his, 그것의 its

　＋ 대명사(I, you, he, she 등) 외에
　　　'~의'를 쓸 때는 's를 붙인다.
　　　고양이의 팔 cat's arm
　　　엄마의 손길 mom's touch

love 대신 loves를 쓰는 이유는?

'누가'가 나면

I love you.

아이   러브   유

나는   사랑한다   너를

'누가'가 그녀이면

She loves you.

쉬   러브즈   유

그녀는   사랑한다   너를

앞서 영어는 그림을 그리는 언어라고 했다.
그림을 더 명확하게 그리기 위해,
그리고 단어의 순서를 제대로 나타내기 위해
나/너를 제외한 '누가'가 한 명일 때는
'한다(동사)'에 's'를 붙인다.

그래서 '누가'가 '나'일 때는 I love you이지만,
'누가'가 she이면 She loves you이다.
she일 때 '한다'는 love를 쓸 수 없고 loves만 써야 한다.
>He loves you. 그는 너를 사랑한다.
>It loves you. 그것은 너를 사랑한다.

love에는 's'만 붙였지만,
발음이 s와 비슷하면(s, x, sh, o) 'es'를 붙인다.
>impresses mixes wishes goes does
'자음+y'로 단어가 끝나면 y를 i로 고치고 'es'를 붙인다.
>envy → envies / study → studies,
have는 특이하게 haves가 아니라 has를 쓴다.
>have → has

'누가'가 나면

I am right.

아이   앰   라잍(트)

나는 상태/모습이다   옳은

'누가'가 너이면

You are right.

유   얼   라잍(트)

너는   상태/모습이다   옳은

You're right 더는 싸우기 귀찮을 때 생활1 6단원 (42)

'누가'의 '상태나 모습'에 대해 말할 때 be동사를 쓴다.
I am right의 문장 구조는
'누가(I)-상태/모습이다(am)-어떤(right)'이다.
'누가'가 어떤 상태나 모습인지 '어떤(right)'에서 설명한다.

이것은 영어에서 두 번째로 많이 쓰이는 문장 구조(약 20% 가량)
이다.

+ 행동에 관심이 있을 때 쓰는 '누가-한다-무엇을(p.12)'이
　가장 많이 쓰이는(70% 이상) 문장 구조이다.

be동사는 '누가'가 무엇이냐에 따라 다르게 쓴다.
나(I)일 때는 am, 너(you)는 are를 쓴다.
누가가 너(you)이면 위의 예문은 You are right이다.

+ 너(you)에 are를 쓰는 이유는
　you가 너희'들'을 일컬을 때도 있기 때문이다.

주로 I am을 줄여서 I'm으로,
You are을 줄여서 You're로 쓴다.
이 책에서도 대명사(I, you, he, she, it) 다음의 be동사는 줄여 썼다.

+ 아름답다, 아름다운, 아름다워서, 아름답기에 등의
　사전에 실린 형태(기본형)이 '아름답다'인 것처럼
　am, are, is, was, were, been, being이
　사전에 실린 형태(기본형)이 be이기 때문에 be동사라고 불린다.

is와 are의 차이는?

'누가'가 한 개면

It is my friend.

일 이즈 마이 프렌드
그것은 상태/모습이다 나의 친구인

'누가'가 여러 개면

They are my friends.

데이 얼 마이 프렌즈
그들은 상태/모습이다 나의 친구들인

'누가'가 나와 너를 제외한 한 명(문법 용어로 3인칭 단수)일 때,
'동사(한다)'에 's'를 붙인 것처럼,
be동사에서 나와 너를 제외한 한 명(he, she, it)은 is를 쓴다.

위의 예문에서는 누가가 it(그것)이어서 is를 썼다(It is my friend).
누가가 그녀(she)이면 She is my friend.

누가가 여러 명이면 are를 쓴다.
누가가 그들(they)이면 They are my friends.
누가가 우리(we)면 We are friends.

'대명사+be동사'는 주로 줄여 쓴다.
    It is my friend. = It's my friend. 그것은 나의 친구들이다.
    They are my friends. = They're my friends. 그들은 나의 친
    구들이다.

'일반명사+be동사'는 주로 줄여 쓰지 않는다.
    Children're my friends. X
    Children are my friends. O 아이들은 나의 친구들이다.

    + 앞서(p.20) 나온 너(you)에 are를 쓰는 이유는
    you가 너희'들'을 일컬을 때도 있기 때문이다.

오는 '중인'을 표현하려면?

온다 = come
컴

오는 중인 = coming
커밍

Winter is coming
윈털   이즈   커밍
겨울은   상태/모습이다   오는 중인

Winter is coming 스타크 집안의 가언.
겨울은 힘든 때를 나타낸다.
<왕좌의 게임 1-1 에다드> 미드2 3-2 (620)

'~하는 중인'을 나타내려면,
'한다(동사)' 뒤에 ing를 붙이면 된다.

'온다'는 come이지만, '오는 중인'은 coming이다.
'지루하게 하다'는 bore지만, '지루하게 하는 중인'은 boring이다.

'오는 중인'과 '지루하게 하는 중인'은 '형용사'이다.
'형용사'란 '어떤 사람, 어떤 물건'에서 '어떤'을 말하며,
사람이나 물건을 꾸미는 말이다.
한글로 해석했을 때 주로 단어 끝의
'ㄴ' 받침으로 표현한다(잘생긴, 키큰, 행복한, 오는 중인).

형용사 여부를 알려면
단어 뒤에 '~사람/~물건'을 붙여서 읽어보면 알 수 있다.
'빠른(형용사) 사람'은 자연스럽지만
'빠르게(부사) 사람'은 자연스럽지 않다.

+ 앞서 나온 것처럼(p.20)
대명사(I, you, he, she) 뒤의 be동사는 주로 줄여쓰지만,
대명사가 아닌 대부분의 명사는 보통 줄여쓰지 않는다.
mouth's X / mouth is O
toilet's X / toilet is O

진행형에 be동사를 쓰는 이유는?

English is tiring [me].

잉글리시   이즈   타이어링   미
영어는   지치게 하는 중이다   나를

누가 - 한다 - [무엇을]

한다(상태/모습이다+어떤)

English is tiring me
내가 지금 힘든 이유는 영어 때문에?
생활1 41단원 (345)

tiring은 '지치게 하는 중인'을 의미하는 형용사이다.

English is tiring me는
일시적인(몇 분~몇 시간) 상태에 시선을 두고
'상태'에 대해 말하므로 be동사(is)를 같이 쓴다.
뜻은 '영어가 (일시적으로) 나를 피곤하게 한다'이다.

의미상 is tiring을 하나의 '한다(동사)'로 여기면
누가(English)-한다(is tiring)-무엇을(me)의 구조로 볼 수도 있다.

만약 English tires me를 쓰면,
몇 분~몇 시간에 시선을 두고 하는 말이 아니라,
짧게는 몇 개월, 길게는 몇 년~평생에 걸쳐서,
주기적으로 하는 일,
또는 '진리'나 '정의'에 대해 말할 때 쓴다.

> English is tiring me. 영어는 나를 (일시적으로) 지치게 하는 중이다.

> English tires me. 영어는 (평소/항상) 나를 지치게 한다.

'과거의 나'는 왜 3인칭일까?

'누가'가 한 개면

I was wrong.

아이   워즈   렁

나는 상태/모습이었다   틀린

'누가'가 여러 개면

They were wrong.

데이   월   렁

그들은   상태/모습이었다   틀린

I was wrong 외계 생명체를 부인하던 스컬리가.

<엑스파일 1-23 스컬리> 미드1 6단원 5 (288)

한국어에서 과거의 상태/모습을 말할 때,
'~이다'가 '~이었다'로 바뀌듯,
영어에서도 be동사가 바뀐다.

한 명일 때 쓰는 is는 was로 바뀌고,
    He was wrong. 그는 틀렸었다.

여러 명일 때 쓰는 are는 were로 바뀐다.
    We were wrong. 우리는 틀렸었다.

다만 과거의 I는 현재와 다른 누군가(3인칭)로 취급해서 was를 쓴
다.
    I was wrong. 나는 틀렸었다.

I was wrong은 내가 과거에 틀렸다는 것을 의미할 뿐,
현재도 틀린지 안 틀린지는 알 수 없다.

다만, 과거에는 그게 옳다고 믿었지만,
현재는 생각이 바뀌어
그 때 틀렸었다는 것을 의미하는 경우가 많다.

'한다'를 '했다'로 바꾸려면?

누가-했다-무엇을

I killed a man.

아이　　　　킬드　　　어　　맨
나는　　　　죽였다　　　한　　남자를

I killed a man 마이클이 사람을 죽인 사실을 숨겨온 것 때문에.
<위기의 주부들 1-16 수잔> 미드1 4단원 5 (178)

한국어에서 과거의 행동을 말할 때 '~한다'가 '~했다'로 바뀌듯,
영어에서도 '한다(동사, 더 정확히는 일반동사)'가 바뀐다.
'한다' 뒤에 ed를 붙여서 나타낸다.

kill 죽이다 → killed 죽였다
fear 무서워하다 → feared 무서워했다

e로 끝나면 ed를 붙이면 발음이 달라지므로 d만 붙인다
save 구하다 → saved 구했다

'자음+y'로 끝나면 y를 i로 고치고 ed를 붙인다
study 공부하다 → studied 공부했다

'단모음+단자음'으로 끝나면 자음을 하나 더 붙이고 ed를 붙인다.
plan 계획하다 → planned 계획했다

일부 많이 쓰는 동사들은 규칙과 상관없이 다양하게 변한다(단단
기초 영어공부 혼자하기 부록 참고).
say 말하다 → said 말했다

+ '한다ed'는 과거를 의미하기도 하지만,
당한 것(수동)을 의미하기도 한다(p.32).

be에 수동의 뜻은 없다고?

신이 나게 하다: excite

You excite me.

유 　　　 익싸잍(트) 　　　 미
너는 　　　 신나게 한다 　　　 나를

신나진: excited

I am excited.

아이 　　 앰 　　　　 익싸이틷(드)

나는 상태/모습이다 　　　 신나진

I'm excited 아내가 생일 선물로 준
공짜 안아주기 쿠폰에 기쁜 척
<모던패밀리 1-8 필> 미드2 3단원 3 (631)

excite는 '신이 나게 하다'이다.

앞서(p.30) 배웠듯 (e)d를 붙이면 과거가 돼서

You excited me는 '너는 나를 신이 나게 했다'를 뜻한다.

이것은 누가(you)-한다(excited)-무엇을(me)에서

'한다'에 쓰였기 때문에(즉, 뒤에 무엇을(me)이 나왔으므로),

과거인 신이 나게 '했'다를 의미하는 것이고,

그 외에는(excited 뒤에 '무엇을'이 없다면) 대부분 '신나진'을 의미한다.

+ be동사에 당함(수동)의 의미는 없다.

신나'진'은 형용사이므로 형용사 자리에서 쓰인다.

> I saw an excited man. 나는 봤다 한 신나진 남자를.
> 한정사(an)와 명사(man)의 사이에 형용사(excited)를 썼다.

+ 형용사 자리는 3곳이다.

1.be동사 뒤: I'm happy. 나는 행복하다.

2.한정사와 명사 사이: I'm a happy man. 나는 행복한 남자이다.

3.명사 뒤: I make him happy. 나는 그를 행복하게 만든다.

+ 영어에서 부가적/세부적으로 하고 싶은 말은(부사: 일 년 내에, 마음으로, 어제, 빨리 등),

'누가-한다-무엇을'이나 '누가-상태/모습-어떤' 이후에 붙인다 (p.42).

14

'먹다'와 '먹이다'는 다른 문장을 만든다고?

누가-한다-[누구에게]-무엇을

I feed [a bird] rice.

아이　피이드　어　벌드　라이쓰
나는　먹인다　한　새에게　쌀을

영어는 '누가-한다-무엇을' 순서로 단어가 나열되야 하는데,
'누구에게' 그 행동을 하는 지 궁금하게 하는 뜻의 '한다(동사)'는
'한다'와 '무엇을' 사이에 '누구에게'가 들어갈 수도 있다.

'누구에게' 먹여주는지(feed)는 '누구에게'가 궁금하기에,
한다(feed)와 무엇을(rice)사이에 누구에게(a bird)를 쓸 수 있다.
반면에 '누구에게' 먹는지(eat)라는 말은 어색하기에 쓰지 않는다.

> I feed a bird rice. O 나는 한 새에게 쌀을 먹인다.
>
> I eat a bird rice. X 나는 한 새를 먹는다 밥.

> + 주제문에서 무엇을(a bird)를 빼고 써도 된다.
>
> I feed rice (to a bird). O 나는 (한 새에게) 쌀을 먹인다.

이런 구조(4형식)로 쓸 수 있는 동사로 이런 것이 있다.

> ask 묻다 bring 가져오다 buy 사주다 find 찾아주다 feed 먹이다
>
> get 생기다 give 주다 inform 알리다 lend 빌려주다
>
> offer 제공하다 send 보내다 show 보여주다 tell 말해주다

일부 '한다(동사)'는 '누구에게' 하는지 궁금해도 위의 구조로 못 쓴다.
일단은 위에서 제시한 동사들을 제외하고(외워야 한다)
대부분은 전치사(p.42)와 함께 써야 한다.

> He provides me a book. X
>
> He provides me with a book. O 그는 나에게 한 책을 제공한다

35

누가/무엇을 중에 잘생긴 것은?

누가-한다-무엇을-어떻게

It makes him handsome.

일　메익쓰　힘　핸썸

그것이　만든다　그를　잘생기게

It makes him handsome
고급차와 함께 등장한 남자 생활1 38단원 (284)

'누가-한다-무엇을' 바로 뒤에
'무엇을'에 대한 추가적인 설명을 궁금하게 하는 '한다(동사)'는
형용사나 명사로 '무엇을'을 설명해줄 수 있다.

주제문에서, him(무엇을)을 어떻게 '만들었는(make)' 지 궁금해지
므로,
'무엇을'을 설명하는 형용사(handsome)를 단독으로 쓸 수 있다.
handsome이 him을 '그가 잘 생겼다'고 설명해준다.
> It makes him handsome. 그것은 그를 잘생기게 만든다.

handsome(형용사 p.24) 대신 명사도 쓸 수 있다.
> It makes him a doctor. 그것은 그를 한 의사로 만든다.

> + '어떻게(꾸미는 말, handsome)' 없이 '무엇을'까지만 써도 된다.
> It makes a robot. 그것은 한 로봇을 만든다.

call은 '뭐라고' 불렀는지 추가적인 설명(어떻게)이 궁금하다.
> I call him Mike. 나는 그를 마이크라고 부른다.
keep은 '어떻게' 유지했는지 추가적인 설명(어떻게)이 궁금하다.
> I keep the money safe. 나는 그 돈을 안전하게 유지했다.

위의 구조로 쓸 수 있는 동사로 이런 것들이 있다.
> call 부르다 consider 깊이 생각하다 drive 몰아가다
> elect 뽑다 keep 유지하다 make 만들다

16

동사를 한 번 더 쓰고 싶다면?

I want [to believe it].
아이 원(트)   투   빌립(브)   잍(트)
나는 원한다   믿는 것을   그것을

누가 – 한다 – [무엇을1 + 무엇을2]

I want to believe it
동생이 언젠가는 돌아올 것을 믿고 싶다며
<엑스파일 1-4 멀더> 미드2 8단원 2 (830)

이미 동사(want)가 있는데,
또 동사(believe)를 쓰기 위해 동사 앞에 to를 붙인다.
한국어에서 '믿다' 뒤에 '것'을 붙여서 '믿는 것'으로 쓰는 것처럼,
believe(믿다)도 앞에 to를 붙여서 to believe(믿는 것)로 쓴다.
마찬가지로, eat(먹다)를 '먹는 것'으로 바꾸면 to eat,
hurt(아프게 하다)를 '아프게 하는 것'으로 바꾸면 to hurt이다.

to 뒤는 '한다(동사)'의 원래 형태(=동사원형, p.20)만 쓴다.
그래서 to belived는 쓸 수 없다.
마찬가지로 am, are, is 대신 be만 쓴다.

    I want to be a doctor. O
    나는 한 의사인 상태/모습이 되기를 원한다.
    I want to am a doctor. X
    이지만 to에 am을 쓰지 않고 be를 써야한다.

  + 'to+한다'를 'to부정사'라고 부르며,
    70% 이상은 '누가-한다-무엇을'에서 주로 '무엇을' 위치에 쓰인다.
    '무엇을' 위치에 to부정사를 쓸 수 있는 '한다(동사)'로, want와 need
    를 가장 많이 쓰지만 그 외에도 이런 것들이 있다.
    allow 허락하다 ask 묻다 decide 결정하다 expect 기대하다
    get 생기다 hope 소망하다 wish 소망하다 plan 계획하다

  + 뜸하게 '누가'의 위치에 쓰이기도 한다.
    To believe is to see. 믿는 것은 보는 것이다. (믿는 것을 보게 된다)

17

'to부정사'가 어려웠던 이유는?

It takes 30 minutes [to go].

잍   테익쓰   떨티   미닡츠   투 고우

그것은 가져간다   30분을   가기 위해

누가 – 한다 – 무엇을 – [~하기 위해]

It takes 30 minutes to go

비행기가 얼마나 비행하냐고 묻자 생활1 47단원 (395)

앞서 'to+한다'가 '~하는 것'이라고 했는데,
그것은 '누가'나 '무엇을'의 자리에서 '~하는 것'이고,
그 외의 자리에서는 '~하기 위해'를 뜻한다.

> I want to go. 나는 가는 것을 원한다.
> I want a ticket to go. 나는 가기 위해 한 티켓을 원한다.

go(가다)를 '가기 위해'로 바꾸면 to go이다.
buy(사다)를 '사기 위해'로 바꾸면 to buy이다.

'~하기 위해'를 의미하려면,
'누가-한다-무엇을' 또는 '누가-상태/모습이다-어떤'의
뒤에 'to+한다'가 와야 한다.
'to+한다'의 뜻으로 두번째로 많이 쓴다.

> **+** 영어 문장은 크게 두가지로 나뉜다. 행동이 궁금할 때는 '누가-한다
> (일반동사)-무엇을' 구조(p.12)로 쓰고, 상태/모습이 궁금할 때는
> '누가-상태/모습이다(be동사)-어떤' 구조(p.20)로 쓴다. 'to+한다'
> 는 그 뒤에 온다.

이 외에도 'to+한다'의 위치에 따라
'~해서', '~할 수 있는' 등 다양한 뜻(또는 용법)이 있지만,
일단은 가장 많이 쓰이는 해석
두 가지(~하는 것/~하기 위해)만 구분할 수 있으면 된다.
다른 해석은 자연스럽게 익혀진다.

영어는 '~에서'가 여러가지?

at: ~의 지점에서
앹(트)

at first sight 처음 본 지점에서
앹(트) 펄스트   싸잍(트)

on: ~에 접촉해서
온

on the internet 그 인터넷에 접속해서
온   디   인털넽(트)

in: ~의 안에서
인

in the seat 그 의자 안에서
인   더   씨잍(트)

I got blood on my hand
아이를 빼고 혼자 소탕하러 가겠다며
<그랜토리노 월트 코왈스키> 영화1 6단원 (주제문)

at의 뜻은 '~의 지점에서'인데,
한국어의 '~에서'는 는 뒤에 붙는 반면,
영어의 '~에서'는 앞에 붙는다.

> 집에서 = at지점에서 a house집

영어에서 '누가-한다-무엇을'까지는 조사(~가, ~을)가 자동으로 붙지만,
이후에 명사를 더 쓰고 싶으면 조사를 명사 앞에 써야 한다.
한국어의 조사 역할을 하는 이것을 '전치사'라고 한다.
그리고 [전치사+명사]를 '전치사구'라고 한다.

> I(누가)-got(한다)-blood(무엇을)-on my hand(전치사구)
> 나는   생겼다   피가   나의 손에 접촉해서

한국말은 뭉뚱그려 '~에서'로 표현하지만,
영어는 그림을 그리는 언어이므로 더 구체적으로 서술한다.
집의 (둘러싼) 안에서(in)인지(in a house),
집의 한 지점(at)인지(at a house)
집에 접촉해서(on)인지(on a house) 구분해서 적는다.

'누가-상태/모습이다-어떤'구조에서,
'어떤'에 형용사/명사 외에 '전치사+명사'도 쓸 수 있다.

> I'm in the seat. 나는 그 의자 안에 있다.

19

go 뒤에 to가 나온 이유는?

---

to: ~을 향해 (도달)
투

to God 신에게
투 갇(드)

from: ~으로부터 (출발)
프럼

from Seoul 서울로부터
프럼   써울

about: ~에 대하여 (주변)
어바웉(트)

about women 여자들에 대한
어바울   위민

I'm picky about food 야채가 싫은 아이 생활2 9단원 (553)

'한다(동사)'의 뜻에 따라 잘 어울리는 전치사가 있다.
go는 '가다'이므로
어디로 가는지 주로 그 방향(to)과 함께 나오고,

　　I **go** to the hospital. 나는 그 병원을 향해 간다.

'한다(동사)' 외에도 '명사, 형용사, 부사' 등에 따라
잘 어울리는 전치사가 정해져있다.
picky는 '까다로운'이므로
무엇에 대해 까다로운지 주로 about과 함께 나온다.

　　I'm **picky** about food. 나는 음식에 대해 까다롭다.

영영사전에서 단어를 찾을 때,
그 단어의 윗부분에 적혀진 전치사일 수록 더 많이 쓴다.
롱맨 영영사전에 go는 이렇게 나와있다.

　　go　1.어딘가로 떠나는 것 (+to/into/inside)
　　　　　2.여행하는 것 (+by)
　　　　　3.어떤 행동을 위해 움직이는 것 (+for)

will이 미래가 아니라니?

will: ~할 것이다 (의지)
월

will save 구할 것이다
월   쎄이브

can: ~할 수 있다 (1~100%가능성)
캔

can bring 데려올 수 있다
캔   브링

may: ~할 것 같다 (55%)
메이

may upset 언짢게 할 것 같다
메이   엎쎋

I will miss you 군대 면회온 애인과 헤어지며.
생활2 38단원 (791)

'한다(동사)'의 정도를 더 구체적으로 표현하기 위해
조동사(will, can, may 등)를 쓴다.

miss는 '그리워하다'인데,
will miss은 '그리워할 것이다'이다. 현재의 의지를 나타낸다.
can miss은 '그리워할 수 있다'이다. 1~100%의 가능성을 나타낸
다.
may miss는 '그리워할 것 같다'이다. 55%의 가능성, 추측을 나타
낸다.

'조동사+한다'를 하나의 '한다'로 봐야하며,
    I will miss you. 나는 너를 그리워할 것이다.
    누가(I)-한다(will miss)-무엇을(you)의 구조이다.

조동사(will/can/may 등) 뒤에는
동사 원형(사전에 실린 단어)을 써야 한다.
    I will ate pizza. X
    I will eat pizza. O 나는 피자를 먹을 것이다.

마찬가지로 will am, will are, will is 도 쓸 수 없다.
will be만 가능하다.
    I will be happy. 나는 행복할 것이다.

'과거 조동사'는 과거가 아니라고?

would: ~하려고 한다, ~할 것 같다
운(드)

would eat 먹으려고 한다
운   잍(트)

could: ~할 수도 있다. (1~30%)
쿤(드)

could happen 발생할 수도 있다
쿤   해픈

might: ~할 지도 모른다. (1~30%)
마잍(트)

might rain 비올 지도 모른다
마잍(트)   뤠인

I would be ugly 피터팬이 후크 선장이라면
<피터팬 피터팬> 영화1 20단원 (6)

Will you drink water?보다
Would you drink water?가 더 부드러운(존대말 같은) 표현이다.
여기서 would는 과거를 뜻하지 않는다.
will(~할 것이다)을 약하게 would(~하려고 한다)로 쓴 것이다.

한국어의 존대말로 끝에 '요'를 붙이는데,
영어의 존대말(혹은 비꼬는 말)로,
현재의 '한다(동사)' 대신 과거의 '한다(동사)'를 쓸 수 있다.
내포된 때(현재)와 다른 때(과거)를 표면상 쓰면서 '거리감'을 나타낸다.

will이 '~할 것이다'(p.46), would는 '~하려고 한다'의 약한 의지를 뜻한다.
can이 '~할 수 있다'라면, could는 할 수'도' 있다의 약한 가능성을,
may의 과거인 might는 '~할지도 모른다'를 의미한다.
　　I would be ugly. 난 못생겼을 것 같다.

가끔 과거의 조동사를 과거에 쓰기도 한다.
　　I could eat pizza yesterday. 나는 어제 피자를 먹을 수 있었다.
예문에서 과거의 시간을 나타내는 단어(yesterday, 시간부사)가
나왔기에 can을 약하게 해서 could를 쓴 게 아니라, 과거로 쓴 것을 알 수 있다.

because가 '왜냐하면'이 아니라고?

---

if: ~한다면, ~상태/모습이라면
이프

if I die 내가 죽는다면
이프 아이 다이

when: ~할 때
웬

when he's dreaming 그가 꿈꾸는 중일 때
웬　　　히즈　　　드뤼밍

because: ~하기 때문에
비커즈

because others are stupid 다른이들이 멍청하기 때문에
비커즈　　어덜즈　　얼　스튜핃(드)

Because others are stupid
페니가 물리학을 이해 못해서 울 때
<빅뱅이론 3-10 쉘든> 미드2 7단원 1 (787)

because의 정확한 뜻은
'왜냐하면'이 아니라 '~하기 때문에'이다.
because others are stupid에서 because는,
의미상 are 뒤에 붙어서 멍청한 '상태/모습이기 때문이다'를 뜻한다.

절이란 본동사('한다'나 '상태/모습')를 1개 갖고 있는
문장의 부분(혹은 전체)를 일컫는다.
I cry because others are stupid에서,
I cry가 하나의 절이고,
because others are stupid가 또 하나의 절이다.

접속사 없이 쓴 문장(I cry)이 정말 하고 싶은 말인 주절이며,
절 앞에 접속사가 있는 문장(because others are stupid)은
주절에 관심을 갖게하는 말로써 종속절이라고 한다.
종속절은 주절에 속해 있는 문장이라는 뜻이며,
영어에서 원칙은 주절 없이 종속절만 존재할 수는 없다.

주절 앞에 종속절을 쓸 경우,
이후에 주절이 시작된다는 의미로 콤마(,)를 찍고 써야 한다.
    Because others are stupid, I cry.

doesn't likes가 틀린 이유는?

I don't like bugs.

아이　　　도운트　　　라일(크)　　　벅쓰
내가　　　좋아하지 않는다　　　벌레들을

누가 - 한다 - 무엇을

I don't like bugs 여자도 무서워하니 여자 벌레는 가장 무서워하겠네.
<빅뱅이론 3-2 라지> 미드1 3단원 1 (100)

하지 '않'는다를 표현하기 위해
'한다(like)' 앞에 'don't'를 붙인다.

    I don't like bugs. 나는 벌레들을 좋아하지 않는다.

don't는 do와 not을 합친 것이다.
영어에서 아포스트로피(', 작은따옴표 모양)는 주로
어떤 글자가 '생략됐다'는 뜻이다(n't는 not에서 o를 생략).

나와 너를 제외한 한 명(3인칭 단수)인 경우
'한다(동사)'에 's'를 붙였던 것처럼
3인칭 단수 현재는 don't를 doesn't로 바꾼다.
does에서 이미 3인칭 단수임을 알려주고 있으므로,
doesn't 뒤에는 원래형태(사전에 실린 형태 p.20)의 '한다'만 써야
한다.

    He doesn't likes bugs. X
    He doesn't like bugs. O 그는 벌레들을 좋아하지 않는다

과거는 인칭/수에 상관 없이 didn't만 쓴다.

    I didn't like bugs. 나는 벌레들을 좋아하지 않았다.
    He didn't like bugs. 그는 벌레들을 좋아하지 않았다.

  + do나 did는 동사(한다)로도 쓸 수 있다.
    I don't homework. X (동사가 없어서 틀린 문장)
    I don't do homework. O 나는 숙제를 하지 않는다.

am not은 왜 줄여쓰지 않을까?

I am not OK.
아이 앰 낱(트) 오우케이
나는 상태/모습이 아니다 괜찮은

누가 - 상태/모습이다 - 어떤

I'm not OK
거기를 제모하면 다시 날 때 간지러워서 괜찮지 않아.
<빅뱅이론 8-12 라지> 미드1 7단원 3 (32)

상태/모습이 '아니다'를 표현하기 위해
be동사(am, are, is, are, were, been) 뒤에 not을 붙인다.

 I'm not OK. 나는 괜찮지 않다.
 You're not OK. 너는 괜찮지 않다.
 She's not OK. 그녀는 괜찮지 않다.
 We're not OK. 우리는 괜찮지 않다.

이 때 위의 예문들처럼
'누가(주어)'와 be동사를 줄여쓸 수도 있고,
be동사와 not을 줄여쓸 수도 있다.
단, am과 not은 줄여쓸 수 없다.

 You aren't OK. 너는 괜찮지 않다. (=You're not OK.)
 She isn't OK. 그녀는 괜찮지 않다. (=She's not OK.)
 We aren't OK. 우리는 괜찮지 않다. (=We're not OK.)
 I'm not OK. 나는 괜찮지 않다. (am not은 줄여쓸 수 없다)

 + amn't은 발음하기 어렵기에 줄여쓰지 않는다.
  대신 구어체(말할 때 쓰는 어투)에서 인칭에 상관없이 ain't를 쓰기
  도 한다.

do와 be가 조동사라고?

I can't eat meat.

아이   캔(트)   이잍(트)   미잍(트)
나는   먹을 수 없다   고기를

누가 - 한다 - 무엇을

can not = can't
캔   낱(트)   캔(트)

will not = won't
윌   낱(트)   오운(트)

I can't eat meat 동물이 죽는 게 너무 불쌍해서
생활2 41단원 (815)

조동사가 있으면 '아니다'를 표현하기 위해
조동사 뒤에 not을 붙인다.

    I can not eat meat. 나는 고기를 먹을 수 없다

do(p.52)도 조동사이다.
be동사는 조동사라 불리지는 않지만,
조동사 역할을 하기에 '아니라는 문장(부정문)'과
'묻는 문장(의문문 p.58)'를 만든다.

조동사 뒤에는
동사원형(사전에 실린 단어 형태 p.20)만 쓸 수 있기에
be동사는 be만 써야한다.

    I can am a doctor. X
    I can be a doctor. O 나는 의사일 수 있다

단어 순서로 물어본다고?

행동을 묻는 경우: Do you~
두 유

Do you have a minute?
두 유 핵(브) 어 미닡(트)
합니까? 당신은 가집니까 일 분을

상태나 **모습**을 묻는 경우: Are you~
얼 유

Are you OK?
얼 유 오우케이
(상태/모습)입니까? 당신은 괜찮은

Do you have a minute? 잠깐만 시간 내줬으면 하는데...
생활2 56단원 (940)

do/are에 묻는 의미는 없다.
다만 do/are을 '누가' 앞에 쓰면 묻는 의미를 갖게 된다.

Do you have a minute?에서
원래 do를 쓰려면 you와 have 사이에 써야 하지만,
do를 you 앞에 써서(단어의 순서를 바꿔서) 묻는 문장이 됐다.

Are you OK?에서
원래 are은 you와 OK 사이에 위치하지만,
are을 you 앞에 써서 묻는 문장이 됐다.

3인칭은 Do 대신 Does, Are 대신 Is를 쓴다.
  Does he have a minute? 그는 일 분을 가집니까?
  Is he OK? 그는 괜찮습니까?

과거는 Do 대신 Did, Are 대신 Were(또는 was)를 쓴다.
  Did you have a minute? 당신은 일 분을 가졌습니까?
  Were you OK? 당신은 괜찮았습니까?
  Was he OK? 그는 괜찮았습니까?

위의 모든 문장들은 끝을 올려 읽어야 한다.
  + do(조동사)나 are(be동사)를 '누가' 앞에 쓰지 않은 일반 문장도
  끝을 올려 읽어서 질문할 수 있다.

how는 '얼마나'일까, '어떻게'일까?

행동을 묻는 경우
When do you~
웬 두 유

When do you have a minute?
웬   두   유   햅(브)   어   미닡(트)
언제합니까?   당신은 가집니까 일   분을

상태나 **모습**을 묻는 경우
When are you~
웬 얼 유

When are you OK?
웬   얼   유   오우케이
언제(상태/모습)입니까? 당신은 괜찮은

Can I see the menu
치즈 뷔페의 시간이 궁금해서. 유럽 7단원 (4)

앞서 익힌 묻는 문장 앞에 의문사를 붙이면
행동에 대해 더 구체적으로 물어볼 수 있다.
Can I see the menu 앞에 의문사를 붙이면,

> **의문사**: Where(어디에서), Why(왜), When(언제), How(어떻게)
>
> Where can I see the menu?
> 어디에서 나는 그 메뉴를 볼 수 있습니까?
>
> Why do I see the menu?
> 왜 나는 그 메뉴를 볼 수 있습니까?
>
> When can I see the menu?
> 언제 나는 그 메뉴를 볼 수 있습니까?
>
> How can I see the menu?
> 어떻게 나는 그 메뉴를 볼 수 있습니까?

'상태/모습(be동사)'을 묻는 의문문도
앞에 의문사를 붙여서 물어볼 수 있다.
Are you happy? 앞에 의문사를 붙이면,

> Where are you happy? 어디에서 당신은 행복합니까?
> Why are you happy? 왜 당신은 행복합니까?
> When are you happy? 언제 당신은 행복합니까?
> How are you happy? 어떻게 당신은 행복합니까?

> +how는 '얼마나'인 경우도 있다.
> 이 경우 주로 how 뒤에 형용사(happy)나 부사가 온다.
> How happy are you? 얼마나 행복합니까 당신은?

'누가/무엇을'이 사라진 이유는?

What이 '무엇을'일 때

What do you~
왙 두 유

What do you recommend?
왙   두   유   레커멘드
무엇을 합니까? 당신은   추천합니까

What이 '누가'일 때

What 한다(동사)~
왙

What happened?
왙   해픈드
무엇이   발생했습니까?

What do you recommend?
무엇이 맛있는지 잘 모를 때 종업원에게.
생활2 63단원 (998)

what은 물건을 대신해서 쓰는 말로,
what이 '무엇을'일 때는 do you~, are you~로 이어진다.

    What do you recommend? 당신은 무엇을 추천합니까?
        구조: What(무엇을) do you(누가) recommend(한다)?
    What are you recommending?
    당신은 무엇을 추천하는 중입니까?
        구조: What(무엇을) are(상태/모습) you(누가)
            recommending(어떤)?

하지만 what이 '누가'일 때는,
'누가-한다-무엇을'에서 '누가' 대신 what을 쓴다.

    What happened? 무엇이 발생했습니까?
        구조: What(누가) happened(한다)?
    What is wrong? 무엇이 틀립니까?
        구조: What(누가) is(상태/모습) wrong(어떤)?

who는 사람을 대신해서 쓰는 말로, what과 마찬가지로,
who가 '무엇을'일 때는 do you~, are you~로 이어지고,

    Who do you recommend? 당신은 누구를 추천합니까?
        구조: Who(무엇을) do you(누가) recommend(한다)?

who가 '누가'일 때는
'누가-상태/모습-어떤'에서 '누가' 대신 who를 쓴다.

    Who is the doctor? 누가 그 의사입니까?
        구조: Who(누가) is(상태/모습) the doctor(어떤)?